MUST READ ANALISI DEL LIBRO

AF137522

La scomparsa di Stephanie Mailer

· · · · · · · · · · · · · · ·

JOËL DICKER

ANALISI DEL LIBRO

Scritto da Morgane Fleurot
Tradotto da Sara Rossi

La scomparsa di Stephanie Mailer

JOËL DICKER

JOËL DICKER 5

Scrittore svizzero 5

LA SCOMPARSA DI STEPHANIE MAILER 6

Un caso di gigogne 6

SINTESI 7

1993-1994 7
30 luglio 1994 8
2013-2014 8
Estate 2014 prima del primo 9
Estate 2014 dopo il primo 10

STUDIO DEL CARATTERE 12

La squadra di polizia 12
Gli abitanti di Orphea 14
Le vittime 16
La rivista New York Review of Letters 17
La famiglia Eden 18

CHIAVI DI LETTURA 20

Un nido di romanzi 20
Una riflessione sulla scrittura 22
Le sorgenti della commedia 24
Prestito simbolico 26

ULTERIORI RIFLESSIONI 29

Alcune domande per un'ulteriore riflessione… 29

PER ANDARE OLTRE 30

Edizione di riferimento 30
Studi di benchmark 30

JOËL DICKER

SCRITTORE SVIZZERO

- **Nato nel 1985 a Ginevra**
- **Alcune delle sue opere:**
  - *Gli ultimi giorni dei nostri padri* (2010), romanzo
  - *La verità su Harry Quebert* (2012), romanzo
  - *Il libro di Baltimora* (2015), romanzo

Joël Dicker è un giovane autore in ascesa. Laureato in legge all'Università di Ginevra e già addetto parlamentare in Svizzera, si dedica ora alla sua passione: la scrittura. Il suo secondo romanzo, *La verità su Harry Quebert* (2012), vincitore del Premio Goncourt per gli studenti delle scuole superiori, ha venduto 5 milioni di copie ed è stato tradotto in 40 lingue. Dopo un primo romanzo storico (i suoi personaggi sono agenti segreti del SOE), lo scrittore ha voluto cimentarsi nella scrittura di un thriller all'americana.

Pubblicato da De Fallois fin dal suo primo libro (2010), Joël Dicker ha reso omaggio al suo editore (scomparso il 2 gennaio 2018) in questo ultimo romanzo, *La scomparsa di Stephanie Mailer*.

LA SCOMPARSA DI STEPHANIE MAILER

UN CASO DI GIGOGNE

- **Genere:** romanzo poliziesco
- **Edizione di riferimento:** *La disparition de Stephanie Mailer*, Paris, Éditions de Fallois, 2018, 640 p.
- **1ª edizione:** 2018
- **Temi:** thriller, sparizione, omicidio, suspense, periferia di New York, indagine, teatro, romanzo giallo

La scomparsa di Stephanie Mailer è un romanzo denso che ha il sapore di un thriller americano. Joël Dicker torna al successo del suo secondo libro, *La verità su Harry Quebert*, e ambienta la sua azione negli Stati Uniti, a poche ore da New York, negli Hamptons. Ma questa volta a scomparire non è Nola Kellergan, bensì Stephanie Mailer, un'illustre giornalista che stava indagando su un caso vecchio di vent'anni che coinvolgeva un festival teatrale e un quadruplo omicidio. Anche se le recensioni sono contrastanti, Joël Dicker ripete comunque l'impresa di un efficace *page-turner*.

SINTESI

1993-1994

Orphea, una piccola città negli Hamptons, a circa 100 chilometri da New York, è sotto il controllo del suo sindaco, Joseph Gordon. Fa rispettare la legge prendendo tangenti dagli abitanti non appena richiedono l'approvazione del municipio per le loro attività. Come al solito, Gordon cerca di corrompere Ted Tennenbaum, un giovane dalla corporatura imponente e dallo spirito combattivo, ma quest'ultimo gli tiene testa: ha intenzione di costruire il suo ristorante, il Café Athena, e non intende cedere ai ricatti del sindaco.

Allo stesso tempo, Ted Tennenbaum è nei guai con il boss Jeremiah Fold, un pappone e spacciatore che ha picchiato e umiliato duramente e che da allora lo ricatta minacciando di bruciare il suo ristorante e la sua casa. Jeremiah ha deciso di reclutare i suoi muli, detti "servi", con un metodo originale anche se poco ortodosso: far prostituire la bella Mylla, una ragazza minorenne, e ricattare i suoi clienti. Ma il calvario di tutti si interrompe quando Jeremiah muore tragicamente in un violento incidente stradale nel 1994.

Meghan Padalin è una giovane libraia che vive a Orphea; quando viene a sapere dei ricatti del municipio, minaccia oralmente Gordon ogni notte e lo denuncia al vicesindaco, Alan Brown, facendogli una telefonata anonima. È anche coinvolta in una relazione amorosa extraconiugale con il critico Meta Ostrovsky, che è follemente innamorato di lei.

30 LUGLIO 1994

La sera dell'inaugurazione del primo Orphea Festival, avviene una quadrupla sparatoria: quella della famiglia Gordon (il sindaco, sua moglie e il loro figlio) e di Meghan Padalin, una presunta e imbarazzante testimone della scena.

Ted Tennenbaum viene subito sospettato dalla polizia: il suo furgone è stato visto davanti alla casa del sindaco all'ora degli omicidi, tutta la città è a conoscenza delle sue divergenze con Gordon e soprattutto la polizia sa per certo che è in possesso di una pistola Berreta che sarebbe l'arma del delitto.

Il detective Jesse Rosenberg e il sergente Derek Scott vengono incaricati dell'indagine e riescono a raccogliere prove sostanziali che portano all'arresto di Tennenbaum. Tennenbaum viene poi catturato e ucciso in un inseguimento con la polizia, durante il quale viene uccisa anche Natasha, la fidanzata di Jesse. Dopo la morte del principale sospettato, il caso viene chiuso.

2013-2014

La poliziotta Anna Kanner divorzia dal marito e si trasferisce da New York in periferia, nella tranquilla cittadina di Orphea. Viene introdotta nel distretto come assistente del capo della polizia, poiché il sindaco Brown le ha promesso il posto di capo una volta andato in pensione.

Contemporaneamente, a New York, la giovane Dakota Eden è coinvolta in un caso di molestie morali avendo spinto al suicidio Tara, una sua compagna di classe. Dakota si sarebbe vendicata dopo che Tara aveva cancellato dal suo computer un file prezioso: l'opera teatrale che aveva scritto per un anno intero.

Steven Bergdorf, direttore della *New York Review of Letters*, ha un'appassionata storia d'amore con Alice Filmore, sua dipendente. Lei cerca inconsciamente di rovinarlo con le sue costose richieste, mentre Steven cerca di nascondere la relazione alla moglie.

ESTATE 2014 PRIMA DEL PRIMO

Mentre si prepara ad andare in pensione anticipata, Jesse Rosenberg viene avvicinato da una giovane giornalista che gli dice di chiamarsi Stephanie Mailer e di aver indagato sul caso del quadruplo omicidio del 1994. Gli dice di avere nuove informazioni: secondo lei, il colpevole non è Ted Tennenbaum. In seguito alla misteriosa scomparsa di Stephanie, Jesse decide di riaprire le indagini del 1994 e chiama Derek, il suo partner di allora. Saranno assistiti anche da Anna, l'unica agente di polizia del commissariato di Orphea che è incuriosita dal caso. Quando il corpo del giornalista scomparso viene ritrovato annegato, i tre eroi si rafforzano nella loro certezza: vent'anni dopo, l'assassino del 1994 è ancora in libertà e teme di essere scoperto.

Quando cercano di mettere le mani sul rapporto della polizia dell'epoca, scoprono che è scomparso: al suo posto, un unico pezzo di carta con le enigmatiche parole "LA NOTTE NERA". Questa notte buia si riferisce ad un'opera teatrale scritta da Kirk Harvey, capo della polizia di Orphea all'epoca degli eventi del 1994. Interrogato, Harvey fa il misterioso e promette di rivelare il nome del colpevole se la sua opera sarà rappresentata al ventesimo festival teatrale pochi giorni dopo. Il sindaco Brown accoglie la sua richiesta e Kirk fa un provino ai suoi attori: sceglie Jerry e Dakota Eden, il padre e la figlia depressa di passaggio a Orphea; Steven Bergdorf (l'ex direttore del giornale locale *The Orphea Chronicle*) e la sua amante Alice; Gulliver, l'attuale capo della polizia; Samuel Padalin, il vedovo di Meghan; e infine Ostrovski, il famoso critico. Recluta anche Charlotte Brown, la moglie del sindaco, che viene subito interrogata perché vista alla guida del furgone di Tennenbaum la sera dell'omicidio da un nuovo testimone; in seguito viene scagionata, ma rimane sospettata. Michael Bird, il redattore di *The Orphea Chronicle*, viene incaricato di coprire l'evento dall'interno e assiste a tutte le prove, che vengono tenute segrete. Quando Dakota viene uccisa mentre il suo personaggio sta per rivelare il nome del colpevole del 1994, tutti gli attori sono sospettati. Kirk Harvey rivela poi che non aveva idea di chi fosse il colpevole e sperava che si facesse avanti durante lo spettacolo.

ESTATE 2014 DOPO IL PRIMO

Analizzando la posizione del corpo di Meghan Padalin, Anna, Jesse e Derek scoprono che era lei la vittima designata nel 1994 e che il sindaco e la sua famiglia erano solo degli sfortunati testimoni della scena. Recuperano i diari di Meghan in possesso del marito e, leggendoli, l'indagine compie un importante passo avanti: gli assassini non erano uno, ma due e si erano scambiati. Il sindaco Gordon voleva uccidere Meghan Padalin perché era una minaccia per i suoi affari corrotti, così ha lasciato che lo facesse qualcun altro mentre lui si occupava di Jeremiah Fold. Dobbiamo quindi scoprire chi voleva Jeremiah morto per catturare l'assassino di Meghan, del sindaco e di Stephanie Mailer.

Anna, riconoscendola in una fotografia, riesce a smascherare Mylla, l'ex prostituta di Jeremiah che, dopo la morte del suo aguzzino, ha assunto la sua vera identità ed è ora sposata con Michael Bird. Michael, l'ex "tirapiedi" di Jeremiah, era follemente innamorato di Mylla. Progettò quindi di assassinare il loro aguzzino e si alleò con Ted Tennenbaum, che voleva anch'egli sbarazzarsi del ricattatore. È Ted ad avere l'idea dello scambio con il sindaco Gordon e a mettere in piedi un ingegnoso stratagemma: è l'unico a sapere chi sono i due assassini e affida loro i nomi delle vittime tramite un messaggio in codice in due libri della libreria. Capendo di essere un sospettato, Michael cerca di liberarsi di Anna, che è vicina alla fine, ma viene salvata in extremis da Jesse e Derek. Il colpevole alla fine confessa gli omicidi del 1994 e del 2014.

STUDIO DEL CARATTERE

LA SQUADRA DI POLIZIA

Jesse Rosenberg

L'eroe principale della storia, Jesse, è un capitano della polizia dello Stato di New York e sta per andare in pensione all'inizio del romanzo, quando ha solo 45 anni. Per ammissione dei suoi colleghi, è anche un bell'uomo. Nonostante i suoi innegabili punti di forza, Jesse è perseguitato dalla morte della sua fidanzata Natasha, morte che sembra essere collegata al caso del 1994. È certamente questo il motivo che lo spinge a riaprire il caso vent'anni dopo, anche se è stato risolto.

Derek Scott

Derek Scott è l'ex compagno di squadra di Jesse sul campo. Dopo il caso del 1994 è andato in pensione e lavora ancora per la Polizia di Stato, ma nel dipartimento amministrativo, dove si annoia a morte. Sposato con Darla e con una famiglia, non esita a riaprire l'indagine del 1994, anche se questo potrebbe sconvolgere la sua famiglia.

Anna Kanner

Dopo il divorzio, Anna si è trasferita a Orphea dove ricopre il ruolo di secondo vice capo del Dipartimento di Polizia di

Orphea. Precedentemente negoziatrice per la Polizia di Stato di New York, ha lasciato il suo incarico dopo aver accidentalmente ucciso un ostaggio. È l'unica donna della stazione di polizia di Orphea e come tale viene prima ammirata e poi respinta dai suoi colleghi. Visibilmente molto attraente, è stato più volte affermato che Anna cattura magneticamente lo sguardo al suo passaggio. Immediatamente allertata dalla scomparsa di Stephanie Mailer, si unisce alla squadra formata da Jesse e Derek per indagare sul caso del 1994. Il suo aiuto si rivelerà prezioso: coscienziosa, la giovane donna ama sorprendere per la sua efficienza.

Ron Gulliver

Gulliver è il capo della polizia di Orphea e il superiore di Anna. Ha un corpo grosso e una dieta squilibrata. È naturalmente volgare e sgradevole ed è riluttante a partecipare all'indagine. Inoltre, è interessato solo a se stesso, dal momento che si dimette durante l'indagine per poter partecipare allo spettacolo di Kirk Harvey nell'ambito del festival teatrale.

Jasper Montagne

Jasper Montagne è il vice-capo della polizia di Orphea, come Anna, e teme che il suo collega lo preceda nel posto di nuovo capo della polizia. Il suo fisico glaciale (in linea con il suo cognome) è pari solo alla sua malafede: in questo assomiglia al capo Gulliver, di cui sembra il "degno" successore.

Maggiore McKenna

Il Maggiore è il capo diretto di Jesse e Derek nella Polizia di Stato. Il suo temperamento impulsivo suggerisce una carriera militare. Sebbene sia severo e intransigente, sembra prendere in simpatia la squadra e concede regolarmente del tempo extra per completare l'indagine.

Kirk Harvey

Kirk Harvey era a capo della polizia di Orphea all'epoca del quadruplo omicidio del 1994; lasciò la città in fretta e furia poco dopo il caso. Vent'anni dopo, è un "pazzo" (p. 351) che vive a Los Angeles e dice a chiunque lo ascolti, compresi gli aspiranti attori, che sta scrivendo "la commedia del secolo". Su richiesta del sindaco Brown, torna a Orphea per aiutare a risolvere l'indagine, ma soprattutto per portare finalmente in scena il suo capolavoro. È un personaggio stravagante che contribuisce alla comicità del romanzo. Può anche essere bugiardo e doppiogiochista.

GLI ABITANTI DI ORPHEA

Charlotte Brown

Ex fidanzata di Kirk Harvey e un tempo attrice, Charlotte è stata la protagonista dello spettacolo *Zio Vanya* che ha aperto il primo Orphea Theatre Festival. Bella e sorridente, oggi è la moglie del sindaco Brown e lavora in una clinica veterinaria. La donna viene rapidamente coinvolta nelle indagini, poiché al momento dell'omicidio del 1994 era assente dal teatro pochi minuti prima dello spettacolo.

Alan Brown

Alan Brown, sindaco della città, viene presto coinvolto nelle indagini e compare spesso nel romanzo. Si caratterizza in particolare per il suo marcato astio nei confronti del capitano Rosenberg, contro il quale si scaglia. All'epoca della vicenda del 1994 era vicesindaco e fu rimosso prematuramente dal suo incarico, anche se è provato il suo coinvolgimento nella fuga organizzata del sindaco Gordon, impedita dal suo omicidio.

Michael Bird

Michael è il direttore dell'*Orphea Chronicle*, il quotidiano della città. È succeduto a Steven Bergdorf come direttore del giornale quando Bergdorf ha lasciato il giornale poco dopo gli omicidi del 1994. È stato anche l'ultimo datore di lavoro di Stephanie Mailer. Dimostra grande disponibilità durante l'indagine e presta persino i suoi locali alla squadra di polizia quando questa non si sente più sicura nella stazione di polizia.

Miranda Bird

La differenza di età tra i due è significativa: lei è più giovane di lui di diversi anni. Il suo passato viene discretamente portato alla luce dalla polizia quando si scopre che è stata usata come esca da Jeremiah Fold per reclutare i suoi tirapiedi. Alla fine, si dimostra completamente ignara delle azioni passate e presenti del marito.

Cody Illinois

Vicino di casa e amico di Anna, è stato il primo a dimostrarle affetto al suo arrivo in città. Di mestiere fa il libraio e, prima del suo omicidio quando l'indagine è stata riaperta nel 2014, è un prezioso sostenitore e testimone delle storie e dei costumi della città nel 1994: all'epoca gestiva già la libreria e aveva come dipendente Meghan Padalin.

LE VITTIME

Meghan Padalin

Primo personaggio ad apparire nel romanzo, Meghan è inizialmente vista come una vittima collaterale dell'omicidio del 1994, una testimone scomoda da eliminare. Si scopre che era lei l'obiettivo principale.

Stephanie Mailer

Il personaggio eponimo, Stephanie, fa solo una breve apparizione all'inizio della storia, quando arriva a New York e suscita la curiosità di Jesse rivelandogli di aver rilevato un errore nella loro indagine del 1994. Dapprima impiegata presso la *New York Review of Letters*, lavora poi all'*Orphea Chronicle* prima di essere trovata annegata nei pressi di Orphea. Quest'ultimo elemento ha confermato alla polizia la necessità di riaprire il caso del 1994.

Joseph Gordon

Assassinato a Orphea nel 1994 insieme a tutta la sua famiglia, Gordon era allora sindaco della città. Durante le indagini del 2014, la polizia scopre il suo coinvolgimento in casi di corruzione che darebbero un solido movente a molti abitanti della città. È infatti una vittima collaterale, uno sfortunato testimone dell'omicidio di Meghan Padalin.

Natasha Darrinski

Natasha era la fidanzata di Jesse e un'abile cuoca sul punto di realizzare il sogno di aprire un ristorante tutto suo. Tragicamente, morì durante l'inseguimento di Ted Tennenbaum (il sospettato numero uno dell'indagine del 1994).

LA RIVISTA NEW YORK REVIEW OF LETTERS

Steven Bergdorf

Il direttore della rivista *New York Reviews of Letters* è un codardo, un ipocrita e un debole. È coinvolto in una spirale amorosa infernale con la sua giovane amante Alice: la porta da Orphea solo con l'intenzione originaria di ucciderla per liberarsi di lei. Ma continua a cambiare idea e rivela un carattere instabile. Questa situazione lo rende un colpevole ideale per gli omicidi del 1994: è violento, incoerente, maldestro e si lascia rapidamente travolgere dagli eventi.

Alice Filmore

Capricciosa, piena di sé, convinta di essere un'autrice in divenire, le sue intenzioni con Steven Bergdorf non sono chiare. Lei dice di amarlo, ma sembra usarlo più come mezzo per ottenere beni materiali o come mezzo di avanzamento professionale, dato che pensa che lui sia in grado di elevare il suo manoscritto a bestseller.

Meta Ostrovski

Critico di professione, Ostrovsky lavora alla *Revue* da diversi anni. È estremamente pieno di sé e della sua posizione, fino a sfiorare la caricatura. Tuttavia, il suo amore incondizionato per Meghan Padalin lo rende un personaggio accattivante. È anche lo sponsor del libro di Stephanie.

LA FAMIGLIA EDEN

Dakota Eden

Dakota è una diciannovenne notoriamente depressa, la cui vita si sta sgretolando a causa della droga. Nata come drammaturga, non scrive da quando, un anno fa, ha spinto al suicidio una compagna di studi.

Jerry Eden

Jerry, multimilionario, è l'amministratore delegato della famosa emittente televisiva Channel 14 e, incidentalmente, il padre di Dakota. Per salvare la figlia dal naufragio, decide di portarla a Orphea per ricaricarsi durante gli eventi della storia.

Tara Scalini

Tara è un'amica d'infanzia di Dakota e si era innamorata di lei da adolescente. Umiliata da Dakota dopo aver confessato il suo amore, viene infine trovata impiccata nella sua stanza.

CHIAVI DI LETTURA

UN NIDO DI ROMANZI

Moltiplicazione dei punti di vista

Formalmente, *La scomparsa di Stephanie Mailer* è un romanzo a cassetti, cioè la storia principale è arricchita da storie secondarie che costituiscono tante retrospettive quante sono le diverse narrazioni. In effetti, se si osserva il modo in cui il romanzo è suddiviso, si può notare un certo meccanismo: a ogni nuovo capitolo è sovrapposto il nome del protagonista che presta il suo punto di vista alla storia che segue. Per chiarire il più possibile la narrazione, ricorrono tre personaggi narranti: Jesse, Derek e Anna. Il punto di vista di Jesse è il più rappresentato, il che contribuisce a renderlo l'eroe del romanzo; inoltre, ogni suo capitolo porta con sé un'informazione aggiuntiva: un conto alla rovescia per il primo giorno del festival.

Ma è anche possibile seguire i racconti in prima persona di Steven, Jerry, Dakota e Meghan. Tuttavia, la struttura rimane chiara, i punti di vista si fanno eco l'un l'altro e alcuni di essi forniscono risposte a domande precedentemente poste da altri personaggi: ad esempio, il capitolo di Dakota (p. 436) si propone di dare seguito a quello di Jerry e di rivelare perché "tutto è cambiato" (p. 332).

Retrospettive multiple

Mentre Jesse racconta in prima persona la storia dell'indagine del 2014, le narrazioni di Anna e Derek sono ancorate ad uno spazio-tempo specifico: Derek ricorda l'indagine del 1994 con Jesse, mentre Anna racconta la sua vita a New York e il suo trasferimento a Orphea tra il 2010 e il 2014. Tra questi estratti in prima persona ci sono anche retrospettive in terza persona che guardano indietro a un momento specifico, spesso vissuto da protagonisti ormai deceduti. Tuttavia, ogni narrazione sembra tendere verso uno stesso punto di sublimazione, suggerito dal conto alla rovescia dei capitoli (-7, -6, -5, ecc.): "0 La sera del primo" (p. 469). In effetti, è a questo punto che si incontrano i momenti culminanti delle tre narrazioni principali di Jesse, Anna e Derek, ciascuno impegnato con quanto segue: "Sabato 26 luglio 2014 [...] il giorno in cui tutto si è capovolto" (pag. 471), "Venerdì 21 settembre 2012. Il giorno in cui tutto è crollato" (p. 479), "Giovedì 13 ottobre 1994. Il giorno in cui tutto cambiò" (p. 483).

Questa moltiplicazione di archi narrativi conferisce al romanzo un ritmo veloce e vivace, arricchito da numerosi dialoghi, che gli conferiscono una dimensione sempre più cinematografica e multiforme: infatti, questi ricordi che si verificano subito dopo un dialogo con un testimone, o dopo un'informazione che un personaggio ha taciuto per il suo imbarazzo, hanno tutte le caratteristiche dei flashback hollywoodiani.

UNA RIFLESSIONE SULLA SCRITTURA

Scrittura multiforme

Il romanzo, nella sua veste di sceneggiatura, produce diversi generi che si intersecano e si intrecciano. Distingueremo tre generi distinti, perché hanno requisiti formali di scrittura: il romanzo, naturalmente, ma anche il teatro e il diario. Quest'ultimo è rappresentato in particolare dagli estratti del diario di Meghan Padalin (pp. 558-560), che aggiungono dinamismo alla scrittura e alla narrazione. Tuttavia, l'esercizio è interessante perché questi estratti, pur essendo scritti in prima persona, non utilizzano gli stessi dispositivi enunciativi delle narrazioni di Anna, ad esempio. Questi ultimi si leggono come se Anna si rivolgesse ad un lettore ignorante: si prendono il tempo di spiegare, di dettagliare, di contestualizzare, insomma di raccontare. Al contrario, i diari di Meghan sono consegnati così come sono, interamente introspettivi, come se volessero proiettare il lettore nel ruolo dell'investigatore. Non si preoccupano di dare spiegazioni e rimangono egocentrici, come dimostra la frase di apertura dei diari: "Buon anno a me" (p. 558).

Quanto al teatro, è molto presente: può essere letto, visto e costituisce un insieme di cui il romanzo stesso è il palcoscenico. Per questo il racconto si apre con la descrizione dell'ambientazione del nuovo evento di Orphea, che "quella sera [...] inaugurava il suo primo festival teatrale" (p. 9), come una didascalia che contestualizza la scena del dramma a venire. A conferma di questa idea, è interessante notare che la casa editrice De Fallois ha fornito un "Elenco dei personaggi principali", consultabile a pagina 637, che ricorda questa menzione obbligatoria in ogni edizione del teatro. L'opera di Kirk Harvey entra così nella narrazione come un'opera nell'opera e introduce un intero vocabolario e universo drammatico che rafforza questo tema. Infine, l'opera *Zio Vanja* è spesso citata (in quanto è stata la prima opera prodotta al festival del 1994) e vuole essere un riferimento letterario all'autore o un omaggio.

 ## ZIO VANJA

Scritto da Čechov nel 1897, *Zio Vanja* ebbe più successo di quanto il drammaturgo avesse inizialmente previsto. La commedia presenta personaggi logorati dalla vita, per lo più disillusi, che sentono la mancanza l'uno dell'altro e della potenziale felicità che potrebbe derivare dai loro incontri. *Zio Vanja* è una riscrittura di un'altra opera di Čechov scritta nel 1890: *L'uomo nel bosco*, che in origine era una commedia e che fu accolta molto male dalla critica: la sua trasformazione la drammatizzò notevolmente.

La scrittura del libro in abisso

Questo fenomeno di compenetrazione tra il libro scritto che appare nel libro letto è un tema già sviluppato da Jöel Dicker. In *La verità su Harry Quebert*, il suo eroe (Marcus Goldman) è uno scrittore in cerca di ispirazione per il suo secondo romanzo: finisce per scrivere l'avventura che sta vivendo. Qui i nostri eroi scoprono che "Stephanie stava dedicando un intero libro al caso" (p. 114), che ha intitolato "Non colpevole"; per di più, è "scritto in modo eccitante" (p. 115).

Il misterioso sponsor del libro di Stephanie (apprendiamo in seguito che si tratta del critico Meta Ostrovsky), le promette di scrivere una "meravigliosa storia poliziesca" (p. 115) che "piacerà ai lettori" (p. 115): quante recensioni entusiastiche per il romanzo che abbiamo tra le mani con la stessa trama! Inoltre, il personaggio del critico è interessante: le sue funzioni sono molto spesso analizzate e contrapposte all'"arte minore" (p. 133) della scrittura. Ostrovskij si dichiara "polizia della verità intellettuale" (p. 133). Jöel Dicker fa la caricatura di questa professione denunciando le pratiche arbitrarie del suo personaggio, che scrive recensioni assassine senza nemmeno aver aperto i libri (p. 135). Quando Ostrovskij diventa attore nella commedia, subisce una sorta di metamorfosi e acquista umiltà, come se l'autore, come la vendetta di Kirk contro Ostrovskij (lo ridicolizza nella sua commedia), si fosse vendicato anche dell'immagine del critico.

LE SORGENTI DELLA COMMEDIA

Commedia di carattere

Meta Ostrovskij, attraverso questa trasformazione, diventa un personaggio teatrale comico, eppure aveva già in sé i semi di questo stato: quando viene investito del ruolo di critico, non è altro che l'esagerazione e la caricatura, "un uomo importante" (p. 133) o "Dio, ma migliore" (p. 136) sono le sue stesse parole per definirsi. L'uso frequente del discorso indiretto libero (pp. 132-133) contribuisce a renderlo un personaggio detestabile, ma comico. Inoltre, la sua presenza è sempre notata, come dimostrano i suoi sforzi: non parla, ma "muggisce" (p. 133), "urla" (p. 337) o addirittura "ulula come un dannato con voce troppo alta" (p. 338).

Come lui, Gulliver "mugugna" (p. 337) e si rende ridicolo durante gli spettacoli in cui tiene in mano un "ghiottone imbalsamato" (p. 398), indossando i pantaloni, e si esibisce in una giravolta scenica che possiamo facilmente immaginare essere "pietosa" (p. 398) dato l'aspetto del capo della polizia, la cui corpulenza è eguagliata solo dalla sua stupidità. Come la sua risposta concreta all'indovinello di Anna "Voglio scrivere, ma non so scrivere. Chi sono?" (p. 334) "Risposta: un pinguino" (p. 335).

Commedia di parole e gesti

Per quanto riguarda Kirk Harvey, egli è intrinsecamente un personaggio teatrale: la sua meccanica si basa sul linguaggio orale e corporeo, non è fatta altro che di grandiloquenza e gesticolazioni. Lo dimostra il suo primo spettacolo intitolato *I, Kirk Harvey*, in cui si ritiene capace di essere sia regista, sia autore, sia attore di un monologo in cui è l'unico protagonista. Questa dissonanza tra le sue ambizioni, la sua autostima e le impressioni che suscita in chi lo circonda crea una nota discrepanza, e questa è un incubatore di comicità. Inoltre, i sostantivi che lo caratterizzano come "pazzo" (p. 269), "una barzelletta ambulante" (p. 316) o addirittura "un vecchio pazzo" per sua stessa ammissione (p. 350) contribuiscono a creare un quadro colorito e buffonesco. Gli stessi pensieri di Kirk riflettono la sua inclinazione all'esagerazione e all'enfasi: quando gongola interiormente, "Oh cara gloria, così a lungo agognata, eccoti finalmente!" (p. 338), possiamo notare l'uso del punto esclamativo (che più spesso punteggia le sue frasi) o del lirico "oh", tipico della parodia poetica o tragica.

Questi personaggi, infatti, costituiscono anche un ingresso nella commedia attraverso il loro uso lessicale. Kirk, ad esempio, non esita a chiamare i suoi detrattori e gli altri oppositori con appellativi fioriti: insulti come "Veleno!", "Batracian!" o "Bile gastrica" (p. 262) aggiungono una dimensione burlesca al dialogo. Interiezioni come "Bigre" (p. 212) e "Pfft!" (p. 213) sono in contrasto con la narrazione solitamente scorrevole. La trasformazione del nome "Rosenberg" in "Leonberg" (p. 213) serve come paragone tra il poliziotto e l'enorme cane dall'aspetto goffo la cui razza porta quel nome.

PRESTITO SIMBOLICO

Orphea e la discesa agli inferi

Questo substrato burlesco, ancorato al concreto, convive con un substrato simbolico che sfiora il metafisico, in particolare attraverso i nomi e la sovrapposizione di un universo mitologico al mondo della detective fiction. "Orphea", per cominciare, non nega il suo legame con Orfeo, il cui mito è uno dei più struggenti dell'antica Grecia. Inoltre, Ted Tennenbaum sembra essere consapevole di questo parallelo, dato che chiama il suo caffè Athena, in riferimento alla dea greca della guerra e della conoscenza. E anche se la narrazione non si sofferma su questo punto, non è una coincidenza; l'affiliazione greca è ben rivendicata dal momento che il furgone di Ted porta il gufo, l'uccello feticcio della dea, un dettaglio che lo farà perdere.

Questa eco mitologica è corroborata dall'indovinello "simile alla Sfinge di Tebe" (p. 334) che Anna scrive sulla lavagna magnetica quando gli investigatori si interrogano sull'identità del misterioso sponsor del libro di Stephanie: "Voglio scrivere, ma non riesco a scrivere". Chi sono io?" (p. 334).

👁 IL MITO DI EDIPO

La figura della Sfinge, una creatura alata con il corpo di leonessa e la testa di donna, fa parte del mito di Edipo, l'eroe tragico condannato a uccidere il padre e a sposare la madre. Giunto alle porte di Tebe, Edipo si trova di fronte al mostro che terrorizza la città, divorando chiunque non riesca a risolvere i suoi enigmi. Ecco quello che propone a Edipo: "Qual è l'animale che al mattino ha quattro zampe, a mezzogiorno due e alla sera tre, e che è tanto più lento e vulnerabile perché non ha zampe?".

La risposta a questo famoso indovinello è "l'uomo", che da bambino striscia a quattro zampe, da adulto sta in piedi su due gambe e, da grande, usa un bastone per camminare. La Sfinge, sconfitta da Edipo, precipita da una rupe e l'eroe entra a Tebe ormai libero dalla creatura.

Risonanze bibliche e credenze medievali

Inoltre, se "mail" designa l'azione di spedire, "mailer" sarebbe una forma sostantivata che significa "messaggero", questo parallelo che collega Stephanie alla figura del dio Hermes. Il messaggero è una figura ricorrente nella mitologia e trova risonanza anche nella religione cattolica, dove profeti e apostoli sono i garanti della parola di Dio. E questa parola divina è quella di Stephanie, che è venuta a dire a Jesse una "verità" (p. 19) nel tempo presente della verità generale: "Non ha risolto questo caso, Capitano" (p. 19). La giornalista sarà uccisa: come lei, il più delle volte nella Bibbia, i messaggeri sono veggenti incompresi destinati a finire martiri. Tra questi, notiamo "Jeremiah", il nome di una delle vittime del 1994, che riecheggia la tesi precedente. Infine, prima del suicidio di Tara, la famiglia Eden vive felicemente nel "Giardino dell'E-den" (p. 436), il nome della loro residenza estiva. Questo gioco di parole implica sia il loro cognome che un riferimento biblico al meraviglioso giardino della Genesi. Ma ogni giardino dell'E-den suggerisce la colpa e poi la caduta: Tara spinta al suicidio da Dakota, poi la lenta discesa di Dakota all'inferno.

L'inferno è incarnato nella pièce *La Nuit noire*, scritta da Kirk Harvey, il cui titolo stesso si tinge di simbolismo apocalittico. L'ex capo della polizia sfrutta questa dimensione per pro-muovere lo spettacolo nel 1993 e nel 1994: scrive messaggi apocalittici sui muri ("La notte oscura inizierà presto" [p. 162]) e crea così una vera e propria voce sulla fine del mondo, che viene sussurrata con timore da tutti gli abitanti di Orphea. Inoltre, quando Alice fa entrare un giornalista nella sala prove, lo mette in guardia correggendolo: questa non è una "porta del teatro", ma "la porta dell'inferno" (p. 451). Infine, il testo latino pronunciato da Meta Ostrovski nello spettacolo ("Dies irae, dies illa,//*solvet* saeclum in favilla!") è tratto da un poema medievale di ispirazione apocalittica. Gli ultimi riferi-menti simbolici sono echi del Medioevo; per fare un esempio, il personaggio di Kirk assume il ruolo del pazzo medievale: rispettato perché portatore di verità.

ULTERIORI RIFLESSIONI

ALCUNE DOMANDE PER UN'ULTERIORE RIFLESSIONE...

- Il romanzo ha la particolarità di iniziare al capitolo 7. Spiegate questa caratteristica e la sua importanza per la costruzione della storia.

- A pagina 270, un dettaglio ci fa già intravedere chi è la vera vittima del 30 luglio 1994.

- Come promuove Kirk Harvey il suo spettacolo per il primo Orphea Theatre Festival? Qual è la chiave di lettura?

- Il campo lessicale del teatro si ritrova in tutto il romanzo; trova otto termini relativi a questo universo.

- Oltre al diario e al teatro, quali altre forme di scrittura mette in scena il romanzo?

- Guardate il brano da pagina 489 a 499. Quali sono i tipi di commedia che vengono messi in scena in questo capitolo e quali i personaggi che ne sono i vettori?

- Di che paese è Natasha? Quali sono i diversi elementi che permettono di affermare questo?

- Secondo lei, che senso ha avere personaggi come Dakota e Jerry in un giallo?

PER ANDARE OLTRE

EDIZIONE DI RIFERIMENTO

La disparition de Stephanie Mailer, Parigi, Éditions de Fallois, 2018.

STUDI DI BENCHMARK

Atlante della mitologia, Parigi, Éditions Glénat, 2003.

KOUTCHOUMOFF L., "Joël Dicker, ginevrino, 27 anni, sognava di scrivere un grande romanzo americano. È stato lui", in *Le Temps*, 15 settembre 2012. Consultato il 18 ottobre 2018.

https://www.letemps.ch/culture/Joël-dicker-genevois-27-ans-revait-decrire-un-grand-roman-americain

Sito ufficiale di Joël Dicker, "Biografia", in Joël Dicker. Accesso al 18 ottobre 2018.

https://Joël dicker.com/biographie/

Vogliamo sapere da voi!
Lasciate un commento sulla vostra biblioteca online
e condividete i vostri libri preferiti sui social media!

Perché scegliere Must Read?

Scoprite tutto quello che c'è da sapere su un libro, con i nostri riassunti e le nostre analisi concise e approfondite!

Scoprite il meglio della letteratura sotto una luce completamente nuova!

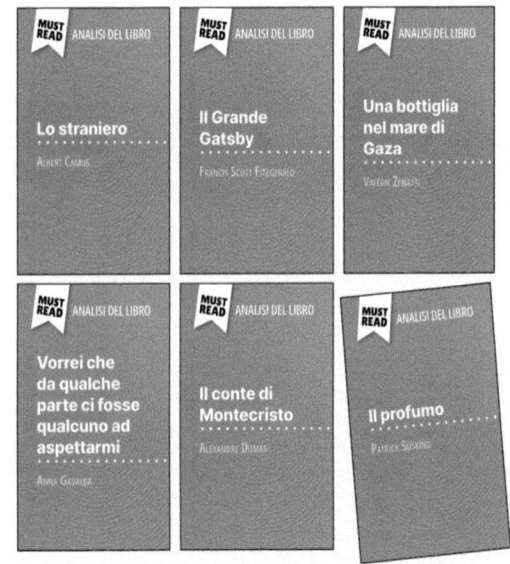

www.50minutes.com

www.50minutes.com

Master ISBN: 9782808689847
ISBN cartaceo: 9782808611244
Deposito legale: D/2023/12603/1404

Copertura: © Primento

Concezione digitale a cura di Primento, il partner digitale degli editori.